Disclaimer: De informatie in dit boek is gebaseerd op de huidige kennis en wetenschappelijke inzichten over stikstof en de impact ervan op het milieu, de gezondheid en de industrie. Hoewel de auteur heeft geprobeerd om de informatie zo nauwkeurig en up-to-date mogelijk te houden, kan deze niet aansprakelijk worden gesteld voor eventuele fouten of onnauwkeurigheden. Bovendien kan de auteur niet verantwoordelijk worden gehouden voor de manier waarop de lezers de informatie in dit boek interpreteren of toepassen. Dit boek is niet bedoeld als vervanging voor professioneel advies of diagnose en de lezers wordt aangeraden om altijd professionele hulp in te roepen bij vragen over stikstof of gerelateerde onderwerpen.

Hoofdstuk 1: De geschiedenis van stikstof: ontdekking en ontwikkeling

Stikstof is een van de meest voorkomende elementen op aarde en speelt een belangrijke rol in de biologische processen van zowel planten als dieren. De ontdekking en ontwikkeling van stikstof zijn een belangrijk onderdeel van de geschiedenis van de wetenschap en hebben geleid tot belangrijke ontdekkingen en uitvindingen.

De ontdekking van stikstof kan worden teruggevoerd tot de late 18e eeuw, toen de Schotse chemicus Daniel Rutherford experimenten uitvoerde om lucht te bestuderen. Rutherford ontdekte een gas dat geen zuurstof bevatte en noemde het "verdronken lucht". In 1772 werd het gas door de Britse chemicus Joseph Priestley geïsoleerd en onderzocht, die het "zuurstof-arme lucht" noemde.

In 1779 werd het gas door de Franse chemicus Antoine Lavoisier opnieuw onderzocht en hij noemde het "azote", wat afgeleid is van de Griekse woorden voor "geen leven". Later werd het gas stikstof genoemd, vanwege de aanwezigheid van stikstofverbindingen in de atmosfeer.

In de 19e eeuw werden er verschillende experimenten uitgevoerd om stikstof te scheiden van andere gassen. In 1828 ontdekte de Britse chemicus William Prout dat ammoniak, een verbinding van stikstof en waterstof, kan worden omgezet in stikstofgas. In 1895 werd vloeibare stikstof geproduceerd door de Britse natuurkundige James Dewar door lucht te condenseren en te destilleren.

In de 20e eeuw werd stikstof steeds meer gebruikt in verschillende toepassingen, waaronder als koelmiddel en als component in meststoffen. In 1909 werd de Haber-Bosch-methode uitgevonden, waarmee ammoniak kan worden geproduceerd door stikstof en waterstof onder hoge druk en temperatuur te combineren. Dit proces heeft een belangrijke rol gespeeld bij het vergroten van de voedselproductie in de wereld, omdat ammoniak een belangrijk onderdeel is van veel kunstmeststoffen.

Tegenwoordig wordt stikstof gebruikt in verschillende industriële processen, zoals de productie van kunstmest, explosieven, en halfgeleiders. Het wordt ook gebruikt als koelmiddel in de voedingsmiddelen- en drankenindustrie, en als gas voor het lassen van metalen.

In conclusie heeft de geschiedenis van stikstof geleid tot belangrijke ontdekkingen en uitvindingen die ons dagelijks leven hebben beïnvloed. Het begon allemaal met de ontdekking van het gas door Rutherford, en de verdere ontwikkeling van stikstof heeft geleid tot de ontwikkeling van belangrijke industriële processen en toepassingen in de landbouw, voedselproductie, en de productie van halfgeleiders en andere materialen.

Hoofdstuk 2: De chemische eigenschappen van stikstof
Stikstof is een belangrijk element dat in vele vormen in de natuur voorkomt. Het is een niet-metaal en heeft het atoomnummer 7 in het periodiek systeem. Stikstof heeft een relatief laag reactievermogen, omdat de bindingsenergie tussen de stikstofatomen in de lucht relatief hoog is. In dit hoofdstuk zullen we de chemische eigenschappen van stikstof nader bekijken.

Een van de belangrijkste chemische eigenschappen van stikstof is dat het een zeer stabiel element is. Dit komt omdat stikstof in zijn moleculaire vorm, N2, een zeer sterke triple binding heeft tussen de twee stikstofatomen. Deze binding is zo sterk dat het veel energie kost om het te verbreken en stikstof gas reageert daarom slechts zeer beperkt met andere elementen.

Een ander belangrijk kenmerk van stikstof is dat het niet reactief is met zuurstof bij kamertemperatuur. Dit betekent dat stikstofgas niet gemakkelijk reageert met de zuurstof in de lucht en daardoor niet spontaan ontvlamt. Dit maakt stikstofgas geschikt als inert gas in industriële toepassingen waar bescherming tegen oxidatie nodig is.

Hoewel stikstof zelf niet erg reactief is, kan het in combinatie met andere elementen een belangrijke rol spelen in chemische reacties. Bijvoorbeeld, stikstof wordt vaak gebruikt als reactant in de Haber-Bosch proces, waarbij ammoniak wordt geproduceerd door reactie van stikstofgas met waterstofgas. Ammoniak is een belangrijke stof in de productie van kunstmest en andere chemische producten.

Stikstofgas kan ook reageren met metalen bij zeer hoge temperaturen om nitriden te vormen. Deze verbindingen hebben verschillende toepassingen, waaronder als katalysatoren en materialen voor halfgeleiders.

Een ander belangrijk aspect van de chemische eigenschappen van stikstof is de aanwezigheid van stikstofatomen in organische verbindingen. Stikstof is een belangrijk bestanddeel van veel organische moleculen, zoals aminozuren en DNA. Het gedrag van stikstof in deze moleculen kan zeer complex zijn en heeft invloed op de eigenschappen en functies van deze moleculen.

In het algemeen kan worden gesteld dat stikstof een relatief stabiel element is met beperkte reactiviteit. Desondanks heeft het element belangrijke toepassingen in de chemie en speelt het een belangrijke rol in biologische systemen. De unieke chemische eigenschappen van stikstof maken het een fascinerend onderwerp voor verder onderzoek en toepassingen in de industrie en wetenschap.

Hoofdstuk 3: Fysische eigenschappen van stikstof

Stikstof is een element dat in de natuur voorkomt als een kleurloos, geurloos en smaakloos gas. Het is het belangrijkste bestanddeel van lucht en maakt ongeveer 78% van de atmosfeer uit. Stikstof is een element dat een breed scala aan fysische eigenschappen vertoont, waaronder zijn aggregatietoestand, dichtheid, smeltpunt en kookpunt.

Aggregatietoestand:

Stikstof komt van nature voor in de gasvormige toestand en is een van de weinige elementen die bij kamertemperatuur en normale druk niet in vloeibare of vaste toestand kan worden gevonden. Het heeft een kookpunt van -195,8°C en een smeltpunt van -209,9°C, waardoor het een van de koudste gassen is die bekend zijn. Bij temperaturen onder het kookpunt kan stikstof in vloeibare vorm worden verkregen, waarbij het vloeibare stikstof een temperatuur heeft van -196°C.

Dichtheid:

De dichtheid van stikstofgas is afhankelijk van de druk en temperatuur. Bij normale druk en temperatuur heeft stikstof een dichtheid van ongeveer 1,2 kg/m³, wat betekent dat het lichter is dan lucht. Het is ook minder dicht dan zuurstof en koolstofdioxide, die beide ook in de lucht aanwezig zijn.

Oplosbaarheid:

Stikstof is slecht oplosbaar in water en andere vloeistoffen. Het kan echter worden opgelost in sommige organische oplosmiddelen, zoals alcohol en aceton.

Warmtecapaciteit:

Stikstof heeft een relatief lage warmtecapaciteit, wat betekent dat het weinig warmte kan opnemen voordat het begint te stijgen in temperatuur. Dit maakt het moeilijk om stikstof te gebruiken als koelmiddel, omdat het snel kan verdampen en niet erg efficiënt is in het afkoelen van objecten.

Concluderend kan worden gesteld dat stikstof een zeer interessant element is met unieke fysische eigenschappen. Het feit dat het een kleurloos, geurloos en smaakloos gas is dat in grote hoeveelheden in de atmosfeer voorkomt, maakt het een van de belangrijkste elementen voor het leven op aarde. De eigenschappen van stikstof maken het ook nuttig in vele toepassingen, waaronder als koelmiddel, als beschermgas bij laswerkzaamheden, en als component van kunstmeststoffen.

Hoofdstuk 4: Stikstof in het periodiek systeem der elementen

Stikstof is een element dat zich bevindt in het periodiek systeem der elementen. Het heeft het atoomnummer 7 en de chemische afkorting N. Het is een niet-metaal en heeft een atoommassa van 14,007 u.

Stikstof is een kleurloos, reukloos en smaakloos gas dat ongeveer 78% van de atmosfeer van de aarde uitmaakt. Het is een essentieel element voor alle bekende vormen van leven en wordt gebruikt in de synthese van vele chemische verbindingen, zoals ammoniak en nitraat.

Stikstof is het element met het hoogste elektronegativiteitsgetal in het periodiek systeem der elementen, wat betekent dat het een sterke neiging heeft om elektronen te trekken wanneer het zich bindt met andere elementen. Stikstof heeft drie elektronen in zijn buitenste schil en kan dus drie covalente bindingen vormen. Dit maakt stikstof een belangrijk element in de vorming van veel organische verbindingen, zoals aminozuren, nucleotiden en DNA.

Stikstof komt ook voor in anorganische verbindingen, zoals salpeterzuur, kaliumnitraat en ammoniumsulfaat.

Deze verbindingen worden veel gebruikt in de landbouw als meststoffen.

In het periodiek systeem behoort stikstof tot de groep van de pnicogenen, samen met fosfor, arseen, antimoon en bismut. Deze elementen hebben allemaal een elektron in de p-schil en vertonen overeenkomsten in hun chemische eigenschappen.

Kortom, stikstof is een belangrijk element in het periodiek systeem der elementen vanwege zijn brede toepassingen in de chemie, de landbouw en het leven zelf.

Hoofdstuk 5: De rol van stikstof in de atmosfeer
Stikstof is een van de belangrijkste elementen in de atmosfeer en speelt een cruciale rol in de biologische processen van de aarde. Het vormt ongeveer 78% van de lucht die we inademen en is daarmee het meest voorkomende gas in de atmosfeer. Stikstof is van essentieel belang voor het leven op aarde, omdat het een belangrijk bestanddeel is van eiwitten en DNA, en het ook essentieel is voor de groei van planten.

Stikstof in de atmosfeer wordt meestal aangeduid als stikstofgas (N2), omdat het een molecuul is dat bestaat uit twee stikstofatomen. Dit molecuul is zeer stabiel en inert, wat betekent dat het niet gemakkelijk reageert met andere stoffen. Hierdoor kan stikstofgas zich ophopen in de atmosfeer en lange tijd in de lucht blijven.

Stikstof speelt ook een belangrijke rol in het broeikaseffect. Hoewel stikstofgas zelf geen broeikasgas is, kan het reageren met andere gassen in de atmosfeer, zoals zuurstof en waterdamp, om stikstofoxiden te vormen. Deze stikstofoxiden dragen bij aan de vorming van ozon op de grond, wat op zijn beurt een belangrijk broeikasgas is.

Een andere belangrijke rol van stikstof in de atmosfeer is dat het door bacteriën in de grond kan worden omgezet in stikstofverbindingen die planten kunnen gebruiken. Dit proces wordt stikstoffixatie genoemd en is essentieel voor de groei van planten. Sommige planten, zoals klaver en sojabonen, hebben zelfs de capaciteit om stikstof uit de lucht te halen en te gebruiken als voedingsstof.

Stikstof kan echter ook problemen veroorzaken in de atmosfeer. Overmatig gebruik van stikstofhoudende meststoffen in de landbouw kan leiden tot een ophoping van stikstofverbindingen in de bodem en het grondwater. Dit kan op zijn beurt leiden tot problemen zoals eutrofiëring van waterlichamen en verlies van biodiversiteit.

Daarnaast kunnen stikstofoxiden in de atmosfeer ook leiden tot luchtverontreiniging en gezondheidsproblemen. Stikstofoxiden dragen bij aan de vorming van fijnstof, wat kan leiden tot ademhalingsproblemen en hart- en vaatziekten.

Kortom, stikstof speelt een cruciale rol in de atmosfeer en is van essentieel belang voor het leven op aarde. Het is echter belangrijk om te zorgen voor een evenwichtige stikstofcyclus, zodat de voordelen van stikstof niet ten koste gaan van het milieu en de gezondheid van mens en dier.

Hoofdstuk 6: Hoe stikstof verbindingen maakt met andere elementen

Stikstof is een element dat in staat is om verbindingen te maken met andere elementen. Deze verbindingen worden ook wel stikstofverbindingen genoemd. Stikstofverbindingen kunnen worden gevormd door middel van verschillende chemische reacties, waarbij stikstof reageert met andere elementen.

Een van de belangrijkste manieren waarop stikstofverbindingen worden gevormd, is door middel van de reactie tussen stikstofgas (N_2) en zuurstofgas (O_2) in de lucht. Deze reactie wordt ook wel de stikstof-fixatie genoemd. Stikstof-fixatie is een belangrijke stap in de stikstofcyclus, omdat het stikstofgas omzet in een vorm die door planten kan worden gebruikt.

Een andere manier waarop stikstofverbindingen worden gevormd, is door middel van de reactie tussen stikstof en waterstofgas (H_2). Deze reactie wordt ook wel de Haber-Bosch-reactie genoemd en is een belangrijke industriële reactie die wordt gebruikt om ammoniak (NH_3) te produceren, een belangrijke grondstof voor kunstmest en andere chemische stoffen.

Stikstof kan ook reageren met andere elementen, zoals koolstof, zwavel en fosfor, om verschillende stikstofverbindingen te vormen. Een voorbeeld hiervan is de reactie tussen stikstof en koolstof, waarbij cyanide (CN-) wordt gevormd. Cyanide is een giftige stof die in de industrie wordt gebruikt voor de productie van kunststoffen en andere chemische stoffen.

Kortom, stikstofverbindingen kunnen op verschillende manieren worden gevormd door middel van chemische reacties tussen stikstof en andere elementen. Deze verbindingen spelen een belangrijke rol in veel biologische en industriële processen.

Hoofdstuk 7: De verschillende soorten stikstofverbindingen

Stikstofverbindingen zijn verbindingen die stikstofatomen bevatten en een belangrijke rol spelen in veel biologische en chemische processen. Er zijn verschillende soorten stikstofverbindingen, elk met unieke eigenschappen en toepassingen.

Een van de meest voorkomende stikstofverbindingen is ammoniak (NH_3). Het is een kleurloos gas met een scherpe geur en wordt geproduceerd door bacteriën bij de afbraak van organische materialen. Ammoniak wordt veel gebruikt in de landbouw als meststof omdat het een belangrijke bron van stikstof is voor planten.

Een andere belangrijke stikstofverbinding is nitraat (NO_3^-). Nitraat wordt gevormd wanneer stikstof en zuurstof reageren met elkaar en wordt gevonden in de bodem, water en voedsel. Het is essentieel voor planten om te groeien, maar kan ook schadelijk zijn voor het milieu als het in hoge concentraties voorkomt in water, waardoor bijvoorbeeld algenbloei ontstaat.

Eiwitten zijn complexe stikstofverbindingen die in veel voedingsmiddelen voorkomen en een belangrijke bouwsteen vormen voor het menselijk lichaam. Ze worden gevormd door aminozuren aan elkaar te koppelen en hebben verschillende functies, zoals het ondersteunen van de groei en het herstellen van weefsels.

Andere belangrijke stikstofverbindingen zijn onder meer stikstofoxiden (NOx), die vrijkomen bij verbranding en een belangrijke bijdrage leveren aan de vorming van smog, en stikstofgas (N_2), dat een belangrijk bestanddeel is van de atmosfeer maar niet direct beschikbaar is voor planten.

Kortom, stikstofverbindingen spelen een cruciale rol in veel biologische en chemische processen en zijn van groot belang voor de landbouw en voedselproductie. Het begrijpen van de verschillende soorten stikstofverbindingen is essentieel voor een duurzaam gebruik van deze waardevolle hulpbron.

Hoofdstuk 8: De rol van stikstof in de landbouw

Stikstof speelt een cruciale rol in de landbouw. Het is een essentieel element voor de groei van planten en wordt vaak gebruikt als meststof om de opbrengst van gewassen te verhogen. De meeste planten nemen stikstof op in de vorm van ammoniak, nitraat of organische stoffen uit de bodem.

Hoewel stikstof een belangrijke voedingsstof is voor planten, kan een overmaat aan stikstof in de bodem leiden tot problemen. Te veel stikstof kan bijvoorbeeld leiden tot een overmatige groei van planten, waardoor ze vatbaarder worden voor ziektes en plagen. Bovendien kan een overmaat aan stikstof in de bodem leiden tot uitspoeling naar het grondwater, wat kan leiden tot verontreiniging van het drinkwater.

Om deze problemen te voorkomen, zijn er verschillende maatregelen genomen om het gebruik van stikstof in de landbouw te reguleren. Zo worden er bijvoorbeeld regels opgesteld voor de hoeveelheid mest die op een bepaald stuk land mag worden gebruikt, en worden er technieken ontwikkeld om de stikstofefficiëntie te verhogen.

Een van de meest veelbelovende technieken om de stikstofefficiëntie te verhogen is precisielandbouw. Hierbij wordt gebruik gemaakt van sensoren en andere technologieën om de behoefte aan stikstof van individuele planten in kaart te brengen. Door alleen de hoeveelheid meststoffen te gebruiken die nodig is om aan de behoeften van de planten te voldoen, kan de stikstofefficiëntie aanzienlijk worden verbeterd.

Al met al speelt stikstof een cruciale rol in de landbouw, maar moet het zorgvuldig worden beheerd om de negatieve gevolgen van een overmaat te voorkomen. Door middel van technologieën zoals precisielandbouw kunnen we de efficiëntie van stikstofgebruik verbeteren en een duurzame landbouwpraktijk bevorderen.

Hoofdstuk 9: De impact van stikstofvervuiling op het milieu

Stikstofvervuiling is een groeiend probleem voor het milieu en heeft ernstige gevolgen voor ecosystemen over de hele wereld. De oorzaak van stikstofvervuiling is de overmatige uitstoot van stikstofoxiden en ammoniak, die voornamelijk afkomstig zijn van menselijke activiteiten zoals landbouw, transport en industrie.

Deze stikstofoxiden en ammoniak vervuilen de lucht en vallen vervolgens neer op de grond en in het water, waar ze een reeks problemen veroorzaken. In de bodem kan stikstofvervuiling leiden tot verzuring, wat schadelijk is voor de plantengroei en de bodemstructuur. In waterlichamen kan stikstofvervuiling leiden tot algengroei, wat de waterkwaliteit aantast en kan leiden tot vissterfte.

Daarnaast heeft stikstofvervuiling ook een negatief effect op de biodiversiteit. Het verstoort het natuurlijke evenwicht en zorgt ervoor dat sommige soorten beter gedijen dan andere. Dit kan leiden tot het verdwijnen van inheemse soorten en het bevorderen van invasieve soorten.

Ook heeft stikstofvervuiling een negatieve invloed op de menselijke gezondheid. Het kan leiden tot luchtwegproblemen, zoals astma, en is in verband gebracht met hart- en vaatziekten.

Om de impact van stikstofvervuiling te verminderen, moeten we onze uitstoot van stikstofoxiden en ammoniak verminderen. Dit kan worden bereikt door veranderingen in onze landbouwpraktijken, zoals het verminderen van het gebruik van stikstofhoudende meststoffen, en door het bevorderen van duurzame transport- en industriële praktijken. Door deze stappen te nemen, kunnen we de impact van stikstofvervuiling op het milieu verminderen en een gezondere planeet voor toekomstige generaties behouden.

Hoofdstuk 10: De gevolgen van stikstofvervuiling voor de gezondheid

Stikstofvervuiling heeft een grote impact op de

gezondheid van mens en dier. Het is een belangrijke oorzaak van luchtwegproblemen zoals astma en bronchitis. Stikstofdioxide (NO2) is een schadelijke stof die vrijkomt bij de verbranding van fossiele brandstoffen zoals benzine en diesel. Mensen die in de buurt van drukke wegen wonen, lopen een verhoogd risico op gezondheidsproblemen als gevolg van de blootstelling aan NO2.

Stikstofvervuiling heeft ook invloed op de kwaliteit van ons drinkwater. Het teveel aan stikstof in het water kan leiden tot overmatige groei van algen en andere waterplanten. Deze overmatige groei kan leiden tot zuurstoftekort in het water en daardoor sterfte van vissen en andere waterdieren.

Daarnaast heeft stikstofvervuiling ook negatieve effecten op de biodiversiteit en de landbouw. Te veel stikstof in de bodem kan leiden tot verzuring en verlies van belangrijke voedingsstoffen voor planten. Dit kan leiden tot verminderde gewasopbrengsten en afname van de biodiversiteit.

Kortom, stikstofvervuiling heeft een brede impact op onze leefomgeving en gezondheid. Het is belangrijk dat we maatregelen nemen om deze vervuiling te verminderen en de impact op onze gezondheid te beperken. Dit kan bijvoorbeeld door het verminderen van de uitstoot van stikstofoxiden en het stimuleren van duurzame landbouwpraktijken.

Hoofdstuk 11: De regelgeving rond stikstofemissies
De regelgeving rond stikstofemissies is een belangrijk onderwerp in de strijd tegen de stikstofproblematiek. Stikstofemissies zijn schadelijk voor het milieu en de biodiversiteit, en hebben daarom geleid tot strengere regels en wetgeving.

In Nederland is de regelgeving rond stikstofemissies vastgelegd in de Wet natuurbescherming en het Programma Aanpak Stikstof (PAS). De Wet natuurbescherming beschermt de natuur en de biodiversiteit in Nederland en stelt regels op voor activiteiten die schadelijk kunnen zijn voor deze natuur.

Het PAS is in 2015 opgesteld om de stikstofproblematiek aan te pakken en economische ontwikkeling te stimuleren. Het PAS is echter in 2019 door de Raad van State vernietigd omdat het niet voldoende bescherming bood aan de natuur.

Als gevolg van deze vernietiging is er in Nederland sindsdien een strengere regelgeving van kracht geworden. Bedrijven en overheden moeten nu voorafgaand aan een project een stikstofberekening maken en aantonen dat de stikstofuitstoot niet zal leiden tot schade aan beschermde natuurgebieden.

Om bedrijven te helpen bij het verminderen van stikstofemissies zijn er diverse maatregelen genomen. Zo is er subsidie beschikbaar gesteld voor het verduurzamen van stallen en het verminderen van uitstoot door transport. Ook zijn er regels opgesteld voor het gebruik van stikstofarme meststoffen en het verminderen van het gebruik van kunstmest.

Kortom, de regelgeving rond stikstofemissies is van groot belang voor de bescherming van de natuur en de biodiversiteit in Nederland. De strengere regelgeving en diverse maatregelen zijn noodzakelijk om de schadelijke gevolgen van stikstofemissies te verminderen en de natuur te beschermen voor toekomstige generaties.

Hoofdstuk 12: De rol van stikstof in de voedselproductie

Stikstof speelt een cruciale rol in de voedselproductie en is een essentiële voedingsstof voor planten. Het is een belangrijk onderdeel van de eiwitten en DNA-moleculen die nodig zijn voor groei en ontwikkeling van planten.

Hoewel stikstof in de lucht om ons heen in overvloed aanwezig is, kan het niet direct door planten worden opgenomen. Daarom is het nodig om stikstof om te zetten naar een vorm die planten kunnen gebruiken. Dit proces wordt stikstoffixatie genoemd en gebeurt door speciale bacteriën in de wortelknolletjes van planten zoals vlinderbloemigen.

Naast stikstoffixatie zijn er ook andere manieren om stikstof beschikbaar te maken voor planten, zoals het gebruik van kunstmest en organische meststoffen. Door deze toe te voegen aan de bodem, wordt de beschikbaarheid van stikstof verhoogd en kunnen planten beter groeien.

Echter, overmatig gebruik van stikstof kan leiden tot negatieve gevolgen zoals vervuiling van het milieu. Het kan bijvoorbeeld leiden tot de vorming van broeikasgassen en uitspoeling van stikstofverbindingen naar het grond- en oppervlaktewater. Daarom is het belangrijk om de balans tussen stikstofgebruik en milieuvervuiling te bewaken.

In het kort is stikstof van groot belang voor de voedselproductie, maar het is van belang om het gebruik ervan zorgvuldig te doseren om negatieve gevolgen voor het milieu te voorkomen.

Hoofdstuk 13: Stikstof als kunstmest

Stikstof is een essentieel element voor de groei van planten en gewassen. Het speelt een cruciale rol bij de vorming van eiwitten en chlorofyl, die beide belangrijk zijn voor de fotosynthese en de ontwikkeling van planten. Hoewel stikstof in de lucht in overvloed aanwezig is, kan het niet direct door planten worden opgenomen. Daarom is stikstof als kunstmest een belangrijk middel om de productie van gewassen te verhogen.

Kunstmest is een mengsel van voedingsstoffen dat aan de bodem wordt toegevoegd om de groei van planten te verbeteren. Stikstofhoudende kunstmest wordt geproduceerd door ammoniakgas te combineren met andere elementen, zoals waterstof en zuurstof. Het resulterende product, ammoniumnitraat, wordt veel gebruikt in de landbouw en tuinbouw om gewassen te voeden.

Het gebruik van stikstof als kunstmest heeft de landbouwproductie enorm verhoogd. Het heeft boeren in staat gesteld om meer gewassen te produceren op minder land en in minder tijd. Dit heeft geleid tot een aanzienlijke toename van de voedselproductie en heeft bijgedragen aan het voeden van een groeiende wereldbevolking.

Hoewel stikstofhoudende kunstmest voordelen biedt voor de landbouw, zijn er ook nadelen verbonden aan het overmatig gebruik ervan. Het kan leiden tot de opbouw van overtollig stikstof in de bodem, wat kan leiden tot bodemverontreiniging en schade aan het milieu. Overmatig gebruik van kunstmest kan ook bijdragen aan de uitstoot van broeikasgassen en klimaatverandering.

Daarom is het belangrijk dat boeren zorgvuldig doseren en toepassen van stikstofhoudende kunstmest en alternatieven overwegen, zoals het gebruik van organische meststoffen. Het optimaliseren van het gebruik van stikstof kan de landbouwproductie verbeteren en tegelijkertijd de impact op het milieu verminderen.

Hoofdstuk 14: De productie en gebruik van stikstofmeststoffen

De productie en het gebruik van stikstofmeststoffen zijn van vitaal belang voor de landbouwsector en voedselproductie wereldwijd. Stikstof is een essentiële voedingsstof voor planten en is nodig voor de productie van eiwitten en andere belangrijke moleculen.

Stikstofmeststoffen worden geproduceerd door het converteren van stikstofgas uit de lucht in een vorm die planten kunnen opnemen, zoals ammoniak. Dit proces wordt stikstoffixatie genoemd en kan op verschillende manieren worden gedaan, waaronder chemische processen en biologische processen zoals het gebruik van stikstofbindende bacteriën.

Het gebruik van stikstofmeststoffen kan de opbrengst van gewassen aanzienlijk verhogen, wat cruciaal is om aan de groeiende wereldbevolking te voldoen. Echter, het overmatig gebruik van stikstofmeststoffen kan ook leiden tot problemen zoals vervuiling van bodem, water en lucht.

De vervuiling van stikstof in het milieu kan leiden tot een reeks problemen, waaronder algenbloei in water, verzuring van bodems en uitstoot van schadelijke gassen zoals lachgas. Om deze problemen te verminderen, worden er verschillende methoden gebruikt om de efficiëntie van stikstofgebruik te verbeteren en de uitstoot van stikstofverbindingen te verminderen.

Enkele voorbeelden van deze methoden zijn het gebruik van precisielandbouwtechnologieën om de hoeveelheid stikstofmeststof die wordt gebruikt te optimaliseren, het gebruik van stikstofbindende gewassen om stikstof uit de atmosfeer te halen en het toepassen van best practices zoals het verminderen van bodemerosie en het beperken van meststoffen in gebieden die gevoelig zijn voor vervuiling.

In het algemeen is het belangrijk om een evenwicht te vinden tussen het gebruik van stikstofmeststoffen en het minimaliseren van de negatieve effecten op het milieu om duurzame landbouwpraktijken te bevorderen en te zorgen voor de voedselzekerheid van de toekomstige generaties.

Hoofdstuk 15: De toekomst van stikstofmeststoffen

De toekomst van stikstofmeststoffen is een belangrijk onderwerp in de landbouw en milieusector. Stikstofmeststoffen zijn van groot belang voor de productie van voedsel en andere landbouwproducten. Ze zorgen ervoor dat gewassen snel groeien en een hoge opbrengst hebben. Echter, het gebruik van stikstofmeststoffen heeft ook een negatieve impact op het milieu, zoals de uitstoot van broeikasgassen en de verslechtering van de bodemkwaliteit.

Om deze negatieve impact te verminderen, worden er verschillende technologieën ontwikkeld om het gebruik van stikstofmeststoffen te optimaliseren en te verminderen. Zo wordt er onder andere onderzoek gedaan naar precisiebemesting, waarbij gewassen precies de juiste hoeveelheid stikstof krijgen die ze nodig hebben, waardoor er minder verspilling is.

Daarnaast wordt er gekeken naar alternatieve bronnen van stikstof, zoals groene meststoffen die worden geproduceerd uit organisch materiaal zoals dierlijke mest, en het gebruik van stikstofbindende gewassen. Ook wordt er onderzoek gedaan naar de ontwikkeling van biologische meststoffen, die minder impact hebben op het milieu dan traditionele stikstofmeststoffen.

Naast technologische ontwikkelingen is het ook belangrijk om te kijken naar het beleid omtrent stikstofmeststoffen. De overheid kan regelgeving invoeren om het gebruik van stikstofmeststoffen te verminderen en duurzame alternatieven te stimuleren.

Kortom, de toekomst van stikstofmeststoffen ligt in de ontwikkeling van duurzame technologieën en alternatieven, en in het invoeren van effectief beleid om de negatieve impact op het milieu te verminderen.

Hoofdstuk 16: Stikstofcycli in de natuur

Stikstof is een essentiële voedingsstof voor alle organismen op aarde, maar het kan niet direct uit de lucht worden opgenomen door de meeste planten en dieren. In plaats daarvan moet het worden omgezet in een bruikbare vorm, zoals ammoniak of nitraat, door middel van stikstofcycli in de natuur.

De eerste stap in de stikstofcyclus is stikstofbinding, waarbij stikstofgas wordt omgezet in ammoniak door bacteriën in de grond of in wortelknolletjes van bepaalde planten. Deze ammoniak kan worden opgenomen door planten en dieren, of kan verder worden omgezet in nitraat.

Nitraat kan door planten worden opgenomen en gebruikt om eiwitten en andere belangrijke stoffen te maken. Wanneer planten en dieren sterven, wordt het stikstof dat in hun lichaam is opgeslagen, teruggegeven aan de bodem. Hier wordt het afgebroken door bacteriën in het proces van denitrificatie, waarbij het wordt omgezet in stikstofgas en terugkeert naar de atmosfeer.

Er zijn ook andere stikstofcycli, zoals de ammonificatiecyclus waarbij organisch stikstof wordt afgebroken tot ammoniak, en de nitrificatiecyclus waarbij ammoniak wordt omgezet in nitraat.

De stikstofcyclus is van groot belang voor het ecosysteem, omdat het zorgt voor een constante stroom van bruikbare stikstof voor alle organismen. Echter, menselijke activiteiten zoals de landbouw en de industrie hebben de stikstofcyclus verstoord door de uitstoot van overtollige stikstofverbindingen, wat kan leiden tot een overmatige groei van algen en andere planten in waterlichamen en bodemverzuring. Het begrijpen en beheersen van de stikstofcycli in de natuur is daarom van cruciaal belang voor het behoud van een gezond ecosysteem.

Hoofdstuk 17: Stikstof in de oceanen

Stikstof is een essentieel element voor het leven in onze oceanen, maar een overmaat aan stikstof kan ook gevaarlijk zijn voor het mariene ecosysteem. Stikstof komt de oceanen binnen via verschillende bronnen, waaronder afvoer van landbouwchemicaliën en afvalwater, en atmosferische depositie van verbrandingsgassen.

Wanneer er te veel stikstof in het water aanwezig is, kan het leiden tot algenbloei. Dit gebeurt omdat de algen voedingsstoffen nodig hebben om te groeien en zich voort te planten. Deze algenbloei kan de zuurstofniveaus in het water verlagen en leiden tot "dode zones" waarin het leven niet kan overleven.

Bovendien kan het afsterven van algen leiden tot een overmatige groei van bacteriën die het afbraakproces uitvoeren. Dit afbraakproces gebruikt veel zuurstof in het water, waardoor de zuurstofniveaus nog verder dalen en de overleving van mariene organismen in gevaar komt.

Om de impact van overtollige stikstof in onze oceanen te verminderen, is het belangrijk om de stikstofemissies te verminderen en te beheren. Door de landbouwpraktijken te verbeteren en te reguleren, kan de hoeveelheid stikstof die in het water terechtkomt worden verminderd. Het is ook belangrijk om bewust te zijn van ons eigen afvalwater en hoe we het kunnen verminderen en zuiveren voordat het in de oceanen terechtkomt.

Door deze stappen te nemen, kunnen we de impact van overtollige stikstof op onze oceanen verminderen en ervoor zorgen dat ons mariene ecosysteem gezond blijft voor de toekomstige generaties.

Hoofdstuk 18: Stikstof in de bodem

Stikstof is een essentieel element voor het leven op aarde en speelt een belangrijke rol in de bodem. Het is een belangrijk onderdeel van eiwitten, DNA en andere biologische moleculen. Stikstof in de bodem bestaat in verschillende vormen, waaronder organisch en anorganisch stikstof.

Organisch stikstof wordt aangetroffen in dode planten en dieren en in mest. Dit stikstof moet worden afgebroken en omgezet in anorganische stikstof voordat het beschikbaar is voor planten. Anorganisch stikstof bestaat uit stikstofgas (N2), ammonium (NH4+) en nitraat (NO3-). Stikstofgas is de meest voorkomende vorm van stikstof in de atmosfeer, maar kan niet rechtstreeks door planten worden opgenomen. De andere vormen van anorganische stikstof kunnen wel door planten worden opgenomen en zijn daarom belangrijk voor de groei en ontwikkeling van planten.

De beschikbaarheid van anorganische stikstof in de bodem is afhankelijk van verschillende factoren, waaronder bodemtemperatuur, vochtigheid en pH. Het proces van stikstofomzetting, waarbij organisch stikstof wordt omgezet in anorganisch stikstof, wordt uitgevoerd door micro-organismen zoals bacteriën en schimmels. Deze micro-organismen spelen een cruciale rol bij het vrijmaken van stikstof voor planten en het handhaven van de gezondheid van de bodem.

Stikstof is een belangrijke voedingsstof voor planten, maar een teveel aan stikstof kan leiden tot overbemesting en schade aan het milieu. Overbemesting kan leiden tot een overschot aan anorganische stikstof in de bodem, wat kan leiden tot vervuiling van grondwater en eutrofiëring van waterlichamen. Daarom is het belangrijk om de stikstofbalans in de bodem te monitoren en bij te houden.

In het kort is stikstof in de bodem een essentieel element voor het leven op aarde en speelt het een belangrijke rol bij de groei en ontwikkeling van planten. Het is belangrijk om de stikstofbalans in de bodem te handhaven om overbemesting en milieuschade te voorkomen.

Hoofdstuk 19: Stikstof en klimaatverandering

Stikstof en klimaatverandering zijn twee belangrijke onderwerpen die nauw met elkaar verbonden zijn. Stikstof is een belangrijk element dat in veel vormen voorkomt in de atmosfeer en op aarde, en speelt een belangrijke rol in veel biologische processen.

Een van de manieren waarop stikstof bijdraagt aan klimaatverandering is via de productie van lachgas (N2O), een krachtig broeikasgas dat tot 300 keer sterker is dan kooldioxide. Lachgas wordt geproduceerd door micro-organismen die stikstof omzetten in een vorm die planten kunnen opnemen, zoals ammoniak. Dit proces wordt denitrificatie genoemd en het komt voor in de bodem en in waterrijke omgevingen zoals moerassen en meren.

Naast de uitstoot van lachgas draagt stikstof bij aan klimaatverandering door de intensieve landbouwpraktijken die worden gebruikt om gewassen te verbouwen. Kunstmeststoffen die stikstof bevatten worden gebruikt om de bodem te verrijken en de opbrengst van gewassen te verhogen. Maar het gebruik van kunstmeststoffen kan ook leiden tot het verlies van stikstof in de vorm van ammoniak, dat vervolgens in de lucht terechtkomt en bijdraagt aan luchtverontreiniging en klimaatverandering.

Er zijn veel manieren om de impact van stikstof op klimaatverandering te verminderen. Het verminderen van het gebruik van kunstmeststoffen en het toepassen van duurzame landbouwpraktijken, zoals het gebruik van groenbemesters en het bevorderen van organische bemesting, kan helpen om de uitstoot van lachgas en ammoniak te verminderen. Ook het verminderen van de uitstoot van andere broeikasgassen, zoals kooldioxide en methaan, kan bijdragen aan het verminderen van de impact van stikstof op het klimaat.

Het is belangrijk om de impact van stikstof op klimaatverandering serieus te nemen en actie te ondernemen om de uitstoot van stikstof en andere broeikasgassen te verminderen. Door duurzame landbouwpraktijken te gebruiken en de uitstoot van broeikasgassen te verminderen, kunnen we bijdragen aan het verminderen van de impact van stikstof op het klimaat en een meer duurzame toekomst creëren.

Hoofdstuk 20: Stikstof in de industrie

Stikstof speelt een belangrijke rol in de industrie en wordt gebruikt in verschillende processen. Zo wordt stikstof onder andere gebruikt als koelmiddel bij het bevriezen van voedingsmiddelen, als beschermgas bij het lassen en als drijfgas bij het spuiten van verf.

Een van de grootste toepassingen van stikstof in de industrie is bij het produceren van kunstmest. Stikstof is een belangrijke voedingsstof voor planten en wordt in grote hoeveelheden gebruikt om de landbouwproductiviteit te verhogen.

Hoewel stikstof in de industrie veel voordelen heeft, heeft het ook nadelen. Het gebruik van stikstof kan leiden tot luchtvervuiling en bodemverontreiniging. Stikstofverbindingen zoals ammoniak kunnen schadelijk zijn voor de gezondheid en het milieu. Daarom is het belangrijk om het gebruik van stikstof in de industrie zorgvuldig te beheren en te reguleren.

Er zijn verschillende maatregelen genomen om de uitstoot van stikstof in de industrie te verminderen. Zo worden er bijvoorbeeld technologieën gebruikt om de emissies van stikstofoxiden te verminderen, worden er strengere emissienormen opgelegd en wordt er onderzoek gedaan naar alternatieve, duurzame productiemethoden.

Al met al is stikstof een belangrijke grondstof voor de industrie, maar het gebruik ervan moet wel verantwoord worden beheerd om de impact op het milieu en de gezondheid te minimaliseren.

Hoofdstuk 21: De rol van stikstof in de gezondheidszorg

Stikstof speelt een belangrijke rol in de gezondheidszorg. Het wordt gebruikt in verschillende toepassingen, waaronder medische behandelingen en diagnose. Een van de belangrijkste toepassingen van stikstof is bij cryochirurgie, waarbij het wordt gebruikt om weefsel te bevriezen om zo kankercellen te vernietigen. Stikstof wordt ook gebruikt bij het bewaren van bloed en andere biologische monsters in laboratoria, en het wordt gebruikt om wonden te behandelen en infecties te voorkomen.

Een andere belangrijke toepassing van stikstof is in de medische beeldvormingstechnologie, zoals MRI-scans. Het wordt gebruikt om de magnetische velden te creëren die nodig zijn om de beelden van het lichaam te produceren. Bovendien wordt stikstof gebruikt in de ontwikkeling van geneesmiddelen en farmaceutica. Het wordt bijvoorbeeld gebruikt om actieve ingrediënten in medicijnen te beschermen tegen licht en vocht, wat de houdbaarheid verlengt.

Ondanks deze positieve toepassingen, kan stikstof ook schadelijk zijn voor de gezondheid. Bij inademing kan het leiden tot verstikking en blootstelling aan hoge concentraties stikstof kan leiden tot bewusteloosheid en zelfs de dood. Daarom is het belangrijk om de juiste voorzorgsmaatregelen te nemen bij het gebruik van stikstof in de gezondheidszorg.

In het algemeen kan worden gesteld dat stikstof een essentieel onderdeel is van de moderne gezondheidszorg. Het heeft een breed scala aan toepassingen, van het bevriezen van weefsel tot de ontwikkeling van geneesmiddelen. Door zorgvuldig gebruik en de juiste veiligheidsmaatregelen te nemen, kan stikstof veilig worden gebruikt om de gezondheid van mensen te verbeteren.

Hoofdstuk 22: Stikstof in de ruimte

Stikstof is het zevende meest voorkomende element in het heelal en maakt deel uit van de samenstelling van verschillende objecten in de ruimte. Het wordt gevonden in stellaire atmosferen, interstellaire wolken en zelfs in de atmosferen van planeten en manen in ons zonnestelsel.

Interstellaire wolken, ook wel bekend als moleculaire wolken, zijn gebieden in de ruimte waar gas en stof samenklonteren en sterren worden gevormd. Stikstof wordt gevonden in deze wolken in de vorm van moleculen zoals stikstofgas (N_2) en ammoniak (NH_3). Deze moleculen worden gebruikt als bouwstenen voor het vormen van nieuwe sterren en planeten.

Stikstof wordt ook gevonden in de atmosferen van planeten en manen in ons zonnestelsel, waaronder de aarde. Op aarde is stikstofgas de meest voorkomende component van de atmosfeer, met ongeveer 78% van de totale samenstelling. Op andere planeten en manen kan stikstof ook voorkomen in de vorm van ammoniak of andere stikstofverbindingen.

Hoewel stikstof in de ruimte veel voorkomt, is het niet direct bruikbaar voor menselijke consumptie. Het is echter wel belangrijk voor het voeden van planten en andere organismen op aarde, en speelt daarom een cruciale rol in de ecologie van onze planeet. Door de studie van stikstof in de ruimte kunnen we beter begrijpen hoe het element zich verspreidt en gebruikt wordt in het universum en op onze eigen planeet.

Hoofdstuk 23: Stikstof en biologische systemen

Stikstof is een onmisbaar element voor biologische systemen. Het is een belangrijk onderdeel van aminozuren, de bouwstenen van eiwitten, die op hun beurt weer de basis vormen van de celstructuur en vele enzymen en hormonen.

In de natuur komt stikstof voornamelijk voor als gas (N_2), dat in de atmosfeer aanwezig is. Het is echter niet toegankelijk voor de meeste organismen in die vorm. Om de stikstof te kunnen gebruiken, moeten organismen het eerst omzetten in ammoniak (NH_3) of nitraat (NO_3^-).

Dit proces wordt stikstoffixatie genoemd en wordt uitgevoerd door sommige bacteriën. Andere bacteriën zetten ammoniak vervolgens om in nitraat, dat door planten kan worden opgenomen en gebruikt om aminozuren en eiwitten te synthetiseren.

Dieren verkrijgen stikstof door het eten van planten of andere dieren. De stikstof in het voedsel wordt vervolgens gebruikt om eiwitten en andere stikstofhoudende verbindingen in hun eigen lichaam te synthetiseren.

Hoewel stikstof essentieel is voor biologische systemen, kan een teveel aan stikstof leiden tot problemen. Overmatig gebruik van stikstofmeststoffen in de landbouw kan bijvoorbeeld leiden tot vervuiling van het grondwater en overmatige alggroei in wateren.

Bovendien kan overmatige stikstofdepositie in ecosystemen leiden tot veranderingen in de samenstelling van plantensoorten en de voedselketen verstoren. Daarom is het belangrijk om zorgvuldig om te gaan met stikstof in onze omgeving en het gebruik ervan te optimaliseren om de gezondheid van biologische systemen te waarborgen.

Hoofdstuk 24: Stikstof in het menselijk lichaam

Stikstof is een essentieel element voor het menselijk lichaam, omdat het een belangrijk onderdeel is van eiwitten en DNA. Ongeveer 3/4 van de lucht die we inademen bestaat uit stikstofgas (N2), maar we kunnen het niet rechtstreeks opnemen in ons lichaam.

In plaats daarvan moeten we stikstof verkrijgen via voedsel dat eiwitten bevat, zoals vlees, vis, noten en peulvruchten. Wanneer we deze eiwitten verteren, worden de aminozuren die ze bevatten afgebroken en vrijgegeven in ons lichaam, waarbij stikstof wordt vrijgemaakt.

Het stikstof dat vrijkomt uit aminozuren wordt opgeslagen in de vorm van ureum, dat via de urine uit ons lichaam wordt verwijderd. Dit proces wordt ook wel de ureumcyclus genoemd.

Stikstof speelt een belangrijke rol in veel aspecten van ons lichaam, waaronder de groei en reparatie van weefsels en het functioneren van het immuunsysteem. Een teveel of een tekort aan stikstof kan leiden tot verschillende gezondheidsproblemen.

Het is daarom belangrijk om een evenwichtige voeding te hebben die voldoende eiwitten bevat, om ervoor te zorgen dat ons lichaam de stikstof krijgt die het nodig heeft voor een goede gezondheid en welzijn.

Hoofdstuk 25: Stikstof en energieproductie

Stikstof is een belangrijk element voor de groei van planten en gewassen, maar het speelt ook een cruciale rol in de energieproductie. Bij de verbranding van fossiele brandstoffen, zoals kolen, olie en gas, wordt stikstof uit de lucht gemengd met zuurstof en verhit tot hoge temperaturen. Dit resulteert in de productie van stikstofoxiden (NOx), die op hun beurt een belangrijke bijdrage leveren aan de vorming van smog en zure regen.

Hoewel stikstofoxiden dus een belangrijke rol spelen in de energieproductie, hebben ze ook aanzienlijke negatieve effecten op het milieu en de gezondheid van mens en dier. Daarom worden er steeds meer inspanningen geleverd om de uitstoot van stikstofoxiden te verminderen. Dit gebeurt bijvoorbeeld door de ontwikkeling van schonere verbrandingstechnologieën, zoals de verbranding van aardgas in plaats van kolen, en door de installatie van rookgasreinigingssystemen die stikstofoxiden uit de uitlaatgassen filteren.

Naast de uitstoot van stikstofoxiden heeft de energieproductie ook invloed op de stikstofkringloop op aarde. Bijvoorbeeld bij het delven van fossiele brandstoffen kan stikstofhoudend gesteente naar boven worden gehaald, waardoor stikstof in de bodem terechtkomt. Dit kan de bodemvruchtbaarheid verstoren en bijdragen aan de eutrofiëring van wateren.

Kortom, stikstof speelt een belangrijke rol in de energieproductie, maar heeft ook negatieve effecten op het milieu en de gezondheid. Door het verminderen van de uitstoot van stikstofoxiden en het voorkomen van stikstofvervuiling van de bodem, kunnen we de schadelijke effecten van stikstof beperken en onze energieproductie verduurzamen.

Hoofdstuk 26: De rol van stikstof in de chemische industrie

Stikstof speelt een cruciale rol in de chemische industrie als een belangrijk element dat gebruikt wordt in verschillende chemische processen. Het is het meest voorkomende gas in de atmosfeer en kan worden omgezet in verschillende verbindingen die nuttig zijn voor de industrie.

Een van de belangrijkste toepassingen van stikstof in de chemische industrie is als grondstof voor de productie van ammoniak. Dit gebeurt door middel van het Haber-Bosch-proces, waarbij stikstof en waterstof worden omgezet in ammoniak. Ammoniak wordt op zijn beurt gebruikt voor de productie van kunstmest, wat van cruciaal belang is voor de landbouw en voedselproductie.

Stikstof wordt ook gebruikt als oplosmiddel in de chemische industrie en als koelgas bij het vervoer en opslag van chemische stoffen. Daarnaast is stikstof een belangrijke component in de productie van brandvertragers, farmaceutische stoffen, explosieven en polymeren.

Naast deze toepassingen wordt stikstof ook gebruikt als een beschermend gas in de voedingsindustrie om de houdbaarheid van voedingsmiddelen te verlengen en oxidatie te voorkomen. Het wordt ook gebruikt in de elektronica-industrie om kwetsbare onderdelen te beschermen tegen oxidatie en als koelgas in airconditioningsystemen.

Kortom, stikstof speelt een onmisbare rol in de chemische industrie en is van cruciaal belang voor verschillende productieprocessen en toepassingen in verschillende industrieën.

Hoofdstuk 27: De productie van stikstofgas

Stikstofgas is een essentieel element voor het leven op aarde. Het wordt gebruikt in tal van industriële processen en is een belangrijke component van de lucht die we inademen. Maar hoe wordt stikstofgas geproduceerd?

Er zijn verschillende manieren om stikstofgas te produceren, maar de meest gebruikelijke methode is door middel van het Haber-Bosch-proces. Dit proces werd in het begin van de 20e eeuw ontwikkeld door Fritz Haber en Carl Bosch en maakt gebruik van de reactie tussen stikstofgas en waterstofgas om ammoniak te produceren.

Het proces vindt plaats onder hoge druk en hoge temperaturen, en wordt meestal uitgevoerd in grote reactoren die speciaal zijn ontworpen voor dit doel. Het vereist ook een katalysator om de reactie op gang te brengen en te versnellen.

De grondstoffen voor het proces zijn stikstofgas en waterstofgas, die in grote hoeveelheden worden geleverd via pijpleidingen of tanks. Het stikstofgas wordt vaak gewonnen uit de lucht door middel van een proces genaamd luchtscheiding, terwijl het waterstofgas wordt geproduceerd uit aardgas of koolwaterstoffen.

Het geproduceerde ammoniakgas kan worden gebruikt als kunstmest, als grondstof voor de productie van chemicaliën en als brandstof voor voertuigen. Het kan ook worden omgezet in stikstofgas en waterstofgas door middel van een proces genaamd stikstofreductie, dat wordt gebruikt om stikstofgas te produceren voor verschillende industriële toepassingen.

Het Haber-Bosch-proces heeft een enorme impact gehad op de wereldwijde voedselproductie en heeft bijgedragen aan de groei van de menselijke bevolking. Het heeft echter ook geleid tot een toename van de stikstofvervuiling in het milieu, wat gevolgen heeft voor de biodiversiteit en de menselijke gezondheid. Het is daarom belangrijk om de productie en het gebruik van stikstofgas te reguleren en te beperken om de impact op het milieu te verminderen.

Hoofdstuk 28: De toepassing van stikstofgas in de industrie

Stikstofgas wordt veelvuldig gebruikt in de industrie vanwege zijn unieke eigenschappen. Het is een inert gas en daarom niet reactief met andere stoffen, wat betekent dat het geen chemische reacties aangaat en niet brandbaar is. Dit maakt stikstof geschikt voor een breed scala aan industriële toepassingen.

Een van de belangrijkste toepassingen van stikstofgas is als inert gas om verbranding te voorkomen. Het wordt bijvoorbeeld gebruikt in de voedingsmiddelenindustrie om voedingsmiddelen te verpakken en te bewaren zonder dat er zuurstof aanwezig is. Dit voorkomt de groei van bacteriën en schimmels die normaal gesproken verantwoordelijk zijn voor bederf van voedsel.

Stikstof wordt ook gebruikt als koelmiddel. Het heeft een laag kookpunt en kan daarom worden gebruikt om producten te koelen zonder ze te bevriezen. Dit wordt bijvoorbeeld gebruikt in de farmaceutische industrie om medicijnen en vaccins op te slaan.

Een andere toepassing van stikstofgas is bij het lassen. Stikstof wordt gebruikt om de laszone te beschermen tegen zuurstof en andere reactieve gassen die kunnen reageren met de las en deze kunnen verzwakken. Dit zorgt voor een sterke, duurzame lasverbinding.

Ten slotte wordt stikstof ook gebruikt in de halfgeleiderindustrie. Het wordt gebruikt om de lucht te zuiveren en stof te verwijderen, zodat halfgeleiderproducten niet worden aangetast door onzuiverheden.

Kortom, de toepassing van stikstofgas in de industrie is van groot belang en heeft een breed scala aan toepassingen. Of het nu gaat om het beschermen van producten tegen bederf, het koelen van producten of het lassen van materialen, stikstof is een essentieel onderdeel van de moderne industrie.

Hoofdstuk 29: Stikstof en de voedselketen

Stikstof is een essentieel element voor alle levende organismen. Het speelt een cruciale rol in de voedselketen doordat het aanwezig is in aminozuren, eiwitten en DNA. De meeste planten en dieren kunnen echter niet direct gebruikmaken van de stikstof in de atmosfeer. In plaats daarvan moeten ze het verkrijgen via de voedselketen.

Planten nemen stikstof op uit de bodem in de vorm van nitraten en ammoniak. Deze stoffen worden omgezet in aminozuren en eiwitten, die op hun beurt worden gegeten door herbivoren zoals konijnen en herten. Vervolgens worden deze herbivoren opgegeten door carnivoren zoals vossen en wolven.

De stikstof die in deze voedselketen aanwezig is, wordt door de organismen gebruikt voor groei en ontwikkeling. Maar wanneer deze organismen sterven, wordt de stikstof teruggegeven aan de bodem. Hier wordt het afgebroken door micro-organismen en omgezet in ammoniak en nitraat, waardoor het weer beschikbaar wordt voor planten om te gebruiken.

Helaas heeft menselijke activiteit geleid tot een verstoring van deze natuurlijke cyclus van stikstof in de voedselketen. Door het gebruik van kunstmest en het verbranden van fossiele brandstoffen wordt er teveel stikstof in de atmosfeer gebracht, wat leidt tot verontreiniging van bodem en water en een verandering in de samenstelling van planten en dieren. Deze verstoringen hebben een groot effect op het ecosysteem en kunnen zelfs leiden tot uitsterven van bepaalde soorten.

Het is daarom van groot belang dat we ons bewust zijn van de impact van onze activiteiten op de stikstofcyclus en proberen deze te verminderen door duurzamere praktijken te hanteren. Zo kunnen we de natuurlijke balans van de voedselketen en het ecosysteem in stand houden.

Hoofdstuk 30: De impact van stikstofvervuiling op de biodiversiteit

De impact van stikstofvervuiling op de biodiversiteit is aanzienlijk en heeft verregaande gevolgen voor ecosystemen over de hele wereld. Stikstof is een essentieel element voor alle leven op aarde en speelt een cruciale rol in de groei van planten en de voedselproductie. Maar overmatige stikstofuitstoot door menselijke activiteiten zoals landbouw, industrie en transport kan leiden tot een overbelasting van ecosystemen en ernstige gevolgen hebben voor de biodiversiteit.

Een van de grootste problemen van stikstofvervuiling is de verandering van de bodemchemie. Overmatige stikstof kan leiden tot verzuring van de bodem, waardoor de groei van planten wordt belemmerd en de bodem minder geschikt wordt voor sommige plantensoorten. Dit heeft weer een kettingreactie op andere organismen die afhankelijk zijn van deze planten, zoals insecten en dieren.

Bovendien kan overmatige stikstof leiden tot de groei van bepaalde planten die een concurrentievoordeel hebben ten opzichte van andere planten. Dit kan leiden tot een afname van de biodiversiteit en een verschuiving in de samenstelling van plantengemeenschappen. Deze veranderingen kunnen weer gevolgen hebben voor de dieren die afhankelijk zijn van deze planten voor voedsel en habitat.

Daarnaast kan stikstofvervuiling leiden tot luchtvervuiling, waardoor de gezondheid van mensen en dieren wordt aangetast. Hoge concentraties van stikstofoxiden kunnen leiden tot smogvorming en ademhalingsproblemen bij mens en dier.

Al met al is de impact van stikstofvervuiling op de biodiversiteit aanzienlijk en heeft het verregaande gevolgen voor de ecologische systemen van de wereld.

Het verminderen van de stikstofuitstoot door middel van regelgeving en beleid is essentieel om deze problemen aan te pakken en de biodiversiteit te beschermen.

Hoofdstuk 31: De effecten van stikstof op de bodemvruchtbaarheid

Stikstof is een essentieel element voor plantengroei en wordt vaak gebruikt als meststof om de bodemvruchtbaarheid te verhogen. Hoewel stikstof een belangrijk onderdeel is van de bodem, kan een teveel aan stikstof schadelijk zijn voor de bodemvruchtbaarheid en het milieu.

Een overmaat aan stikstof kan leiden tot verzuring van de bodem, waardoor de pH-waarde daalt en de bodem minder vruchtbaar wordt. Dit komt doordat een hoge stikstofconcentratie de beschikbaarheid van andere voedingsstoffen voor planten kan verminderen, zoals fosfor, kalium en calcium.

Bovendien kan een teveel aan stikstof de groei van onkruid bevorderen, waardoor de concurrentie met gewassen toeneemt en de opbrengst afneemt. Een overmaat aan stikstof kan ook leiden tot een verminderde bodemstructuur en afname van bodemorganismen, wat op zijn beurt kan leiden tot afname van de bodemvruchtbaarheid.

Het is daarom belangrijk om de stikstofconcentratie in de bodem goed te monitoren en te beheren. Door het gebruik van kunstmest en andere bronnen van stikstof te verminderen en het gebruik van organische meststoffen te verhogen, kan de bodemvruchtbaarheid worden verbeterd en kan een gezond en duurzaam ecosysteem worden bevorderd.

Hoofdstuk 32: Stikstof en plantengroei

Stikstof is een belangrijk element voor plantengroei. Het is een essentieel onderdeel van chlorofyl, dat nodig is voor fotosynthese, het proces waarbij planten energie uit zonlicht omzetten in voedsel. Daarnaast speelt stikstof een rol bij de vorming van aminozuren, de bouwstenen van eiwitten.

Planten krijgen stikstof uit de bodem. Er zijn twee manieren waarop planten stikstof kunnen opnemen: via nitraat- of ammoniumionen. Sommige planten, zoals vlinderbloemigen, hebben de unieke eigenschap dat ze in staat zijn om stikstof uit de lucht te binden in de bodem met behulp van symbiotische bacteriën die in hun wortels leven. Dit wordt stikstoffixatie genoemd.

Echter, stikstof is niet altijd in voldoende mate beschikbaar voor planten. De bodem kan bijvoorbeeld uitgeput zijn of de verhouding tussen stikstof en andere voedingsstoffen kan uit balans zijn. In deze gevallen kan het nodig zijn om extra stikstof toe te voegen aan de bodem. Dit kan door middel van kunstmest of door gebruik te maken van gewassen die stikstof binden, zoals klaver.

Te veel stikstof kan echter ook problemen veroorzaken. Het kan leiden tot overmatige plantengroei, waardoor andere planten worden verdrongen en het ecosysteem uit balans raakt. Daarnaast kan het leiden tot uitspoeling van stikstof naar het grondwater, wat kan leiden tot watervervuiling.

In het kort is stikstof dus een essentieel element voor plantengroei, maar het moet wel in de juiste verhouding beschikbaar zijn om een gezond ecosysteem te behouden.

Hoofdstuk 33: De impact van stikstofvervuiling op de waterkwaliteit

Stikstofvervuiling heeft een aanzienlijke impact op de waterkwaliteit en het aquatisch leven. Wanneer stikstof uit verschillende bronnen in het water terechtkomt, zoals landbouw, industrie en rioolwaterzuiveringsinstallaties, kan het leiden tot eutrofiëring. Eutrofiëring is een proces waarbij te veel voedingsstoffen, zoals stikstof en fosfor, in het water terechtkomen, wat resulteert in een overmatige groei van algen en andere waterplanten.

Deze overmatige groei leidt tot een gebrek aan zuurstof in het water en het afsterven van waterplanten, waardoor er een teveel aan organisch materiaal ontstaat. Dit organisch materiaal kan dan worden afgebroken door bacteriën die grote hoeveelheden zuurstof gebruiken, waardoor er nog minder zuurstof overblijft voor andere organismen in het water, zoals vissen en andere aquatische dieren. Dit kan uiteindelijk leiden tot massale vissterfte en een algemene achteruitgang van de waterkwaliteit.

Bovendien kan stikstofvervuiling leiden tot de vorming van schadelijke algenbloei die giftige stoffen produceert die schadelijk zijn voor zowel de mens als de dieren. Dit kan leiden tot problemen met de gezondheid van mens en dier, waaronder huidirritatie, maagklachten en ademhalingsproblemen.

Het verminderen van stikstofvervuiling is daarom van groot belang voor de bescherming van de waterkwaliteit en het behoud van de biodiversiteit. Dit kan worden bereikt door het verminderen van de hoeveelheid stikstof die in het water terechtkomt, bijvoorbeeld door het verbeteren van de landbouwpraktijken, het gebruik van minder stikstofrijke meststoffen, en het verminderen van de uitstoot van stikstofoxiden uit industrie en verkeer. Ook het verbeteren van de waterbehandeling en rioolwaterzuivering kan helpen om de stikstofvervuiling te verminderen.

Hoofdstuk 34: Stikstof en de ozonlaag

Stikstof (N2) is een essentieel gas voor het leven op aarde, maar het kan ook bijdragen aan de vernietiging van de ozonlaag. Stikstofmonoxide (NO) en stikstofdioxide (NO2) zijn gassen die worden uitgestoten door menselijke activiteiten zoals verbranding van fossiele brandstoffen en landbouw. Deze gassen kunnen reageren met ozon (O3) in de atmosfeer en leiden tot de afbraak van de ozonlaag, die ons beschermt tegen schadelijke ultraviolette straling van de zon.

Het proces van ozonafbraak begint wanneer stikstofdioxide reageert met ozon en zuurstof (O2) om stikstofmonoxide en zuurstofdioxide (O3) te vormen. Stikstofmonoxide kan dan reageren met ozon om stikstofdioxide en zuurstof te produceren. Deze reacties leiden tot een afname van de hoeveelheid ozon in de atmosfeer.

De ozonlaag is van vitaal belang voor het behoud van het leven op aarde, omdat het ons beschermt tegen schadelijke UV-straling van de zon. Zonder de ozonlaag zouden planten en dieren worden blootgesteld aan hoge niveaus van UV-straling, die schade aan het DNA kan veroorzaken en tot ziekten en sterfte kan leiden.

Om de ozonlaag te beschermen, hebben landen over de hele wereld het Montreal Protocol ondertekend. Dit verdrag verbiedt het gebruik van stoffen die de ozonlaag aantasten, zoals chloorfluorkoolwaterstoffen (CFK's) en halonen. Sinds de ondertekening van het Montreal Protocol in 1987 is de productie en consumptie van deze stoffen aanzienlijk verminderd en is de ozonlaag zich aan het herstellen.

Hoewel stikstof niet rechtstreeks betrokken is bij de vernietiging van de ozonlaag, kan het indirect bijdragen aan dit proces door de vorming van stikstofmonoxide en stikstofdioxide. Het verminderen van de uitstoot van deze gassen kan bijdragen aan het beschermen van de ozonlaag en het behoud van het leven op aarde.

Hoofdstuk 35: Stikstof en de atmosferische chemie

Stikstof is een essentieel element in onze atmosfeer en speelt een belangrijke rol in de chemie van de atmosfeer. Ongeveer 78% van de lucht die we inademen bestaat uit stikstofgas (N_2). Stikstof is echter in zijn pure vorm een inert gas en heeft geen reactieve eigenschappen. Het kan echter op verschillende manieren reageren om stikstofverbindingen te vormen die belangrijk zijn voor de atmosferische chemie.

Een van de belangrijkste reacties van stikstof in de atmosfeer is het stikstofcyclusproces. Dit proces omvat een reeks chemische reacties die stikstofverbindingen vormen die nodig zijn voor planten en dieren. In dit proces wordt stikstofgas omgezet in ammoniak (NH_3) door bacteriën in de bodem. Ammoniak kan vervolgens worden omgezet in nitriet (NO_2^-) en vervolgens in nitraat (NO_3^-) door andere bacteriën. Nitraat wordt vervolgens door planten gebruikt als voedingsstof.

Een andere belangrijke reactie van stikstof in de atmosfeer is de vorming van stikstofoxiden (NOx) door bliksem en verbrandingsprocessen. Stikstofoxiden kunnen vervolgens reageren met andere stoffen in de atmosfeer om ozon en fijnstof te vormen, die beide schadelijk kunnen zijn voor de gezondheid van mens en dier.

Een ander belangrijk aspect van stikstof in de atmosfeer is de rol die het speelt in de klimaatverandering. Stikstofverbindingen, zoals ammoniak en stikstofoxiden, kunnen bijdragen aan de vorming van broeikasgassen zoals methaan en ozon. Dit kan leiden tot veranderingen in het klimaat, zoals opwarming van de aarde en veranderingen in neerslagpatronen.

Kortom, stikstof is een essentieel element in onze atmosfeer en speelt een belangrijke rol in de chemie van de atmosfeer. Het kan op verschillende manieren reageren om stikstofverbindingen te vormen die belangrijk zijn voor planten en dieren, maar kan ook bijdragen aan schadelijke luchtverontreiniging en klimaatverandering. Het begrijpen van de chemie van stikstof in de atmosfeer is daarom essentieel voor het behoud van een gezonde en duurzame planeet.

Hoofdstuk 36: Stikstof en de bodemstructuur

Stikstof is een essentieel element voor de groei van planten. Het speelt een belangrijke rol bij de vorming van eiwitten, nucleïnezuren en chlorofyl. Daarom is het van groot belang voor de bodemstructuur.

In de bodem is stikstof aanwezig in organisch materiaal en als anorganische verbindingen. Anorganische stikstofverbindingen zoals ammonium (NH_4^+) en nitraat (NO_3^-) worden door planten opgenomen en omgezet in organische stikstofverbindingen zoals aminozuren en eiwitten.

Echter, een teveel aan stikstof kan ook schadelijk zijn voor de bodemstructuur. Een overmaat aan stikstof kan leiden tot verzuring van de bodem, waardoor de pH-waarde daalt en de beschikbaarheid van voedingsstoffen voor planten afneemt. Bovendien kan een overmaat aan stikstof leiden tot uitspoeling van nutriënten, wat kan leiden tot vervuiling van grond- en oppervlaktewater.

Om de bodemstructuur gezond te houden is het daarom belangrijk om de stikstofbalans in de bodem te monitoren en te optimaliseren. Dit kan bijvoorbeeld door het gebruik van organische meststoffen en het toepassen van gewasrotatie. Ook het verminderen van de uitstoot van stikstofoxiden kan bijdragen aan een gezonde bodemstructuur.

Kortom, stikstof speelt een belangrijke rol in de bodemstructuur en kan zowel positieve als negatieve effecten hebben. Een gezonde stikstofbalans is daarom van groot belang voor een gezonde bodem en duurzame landbouw.

Hoofdstuk 37: De rol van stikstof in de geneeskunde
Stikstof speelt een belangrijke rol in de geneeskunde. Een van de meest voorkomende toepassingen van stikstof in de medische wereld is als koelmiddel. Vloeibare stikstof wordt gebruikt om weefsels te bevriezen, wat bekend staat als cryotherapie. Dit kan worden gebruikt om wratten te verwijderen, tumoren te vernietigen en om ontstekingen te verminderen.

Een andere toepassing van stikstof in de geneeskunde is als een component van anesthetica. Lachgas, ook bekend als stikstofoxide, wordt gebruikt als een verdovingsmiddel bij kleine chirurgische ingrepen, zoals tandheelkundige ingrepen.

Stikstof wordt ook gebruikt bij de productie van medicijnen. Veel geneesmiddelen bevatten stikstofhoudende verbindingen, zoals antibiotica, antidepressiva, pijnstillers en bloeddrukverlagende medicijnen.

Bovendien speelt stikstof een belangrijke rol in de ontwikkeling van nieuwe geneesmiddelen. Het wordt gebruikt in de synthese van medicijnen en als onderdeel van geneesmiddelenonderzoek. Wetenschappers gebruiken stikstof om nieuwe verbindingen te maken en te testen op hun effectiviteit en veiligheid.

Kortom, stikstof speelt een cruciale rol in de geneeskunde. Van cryotherapie tot anesthetica en medicijnontwikkeling, stikstof is een onmisbare component van veel medische toepassingen.

Hoofdstuk 38: De impact van stikstofvervuiling op de luchtkwaliteit

Stikstofvervuiling is een van de belangrijkste oorzaken van luchtverontreiniging en heeft een significante impact op de luchtkwaliteit. Stikstofoxiden, geproduceerd door verbranding van fossiele brandstoffen en landbouwactiviteiten, en ammoniak, uitgestoten door veehouderij en kunstmestgebruik, dragen bij aan de vorming van fijnstof en ozon.

Fijnstof, deeltjes kleiner dan 10 micrometer in diameter, dringt diep in de longen en kan leiden tot gezondheidsproblemen, zoals ademhalingsproblemen, hart- en vaatziekten en kanker. Ozon, gevormd uit stikstofoxiden en vluchtige organische stoffen, irriteert de luchtwegen en kan astma verergeren.

De impact van stikstofvervuiling op de luchtkwaliteit is niet alleen een probleem in stedelijke gebieden, maar ook in landelijke gebieden waar intensieve landbouw plaatsvindt. De afname van biodiversiteit en verzuring van bodem en water zijn eveneens effecten van stikstofvervuiling.

Om de impact van stikstofvervuiling op de luchtkwaliteit te verminderen, zijn er maatregelen nodig, zoals het verminderen van de uitstoot van stikstofoxiden en ammoniak, het bevorderen van duurzame landbouw en het verminderen van het verkeer. Het is belangrijk om deze maatregelen te nemen om de gezondheid van mens en milieu te beschermen en een duurzame toekomst te waarborgen.

Hoofdstuk 39: Stikstof in de voedingsindustrie

Stikstof speelt een belangrijke rol in de voedingsindustrie. Het is namelijk een essentieel element voor de groei van planten en dieren. In de voedingsindustrie wordt stikstof voornamelijk gebruikt als meststof en als ingrediënt in voeding.

Als meststof wordt stikstof gebruikt om de groei van planten te stimuleren. Het wordt meestal in de vorm van kunstmest aan de grond toegevoegd. Door de stikstof kunnen planten meer eiwitten aanmaken, waardoor ze beter groeien en meer opbrengst hebben. Dit is vooral belangrijk in de landbouw, waar veel voedsel geproduceerd wordt voor de menselijke consumptie.

Naast gebruik als meststof wordt stikstof ook als ingrediënt gebruikt in voeding. Het wordt bijvoorbeeld gebruikt bij het maken van kaas, waarbij bacteriën stikstof omzetten in ammoniak. De ammoniak zorgt voor een karakteristieke smaak en geur van kaas. Ook wordt stikstof gebruikt bij het maken van frisdranken en bier, waarbij het zorgt voor een schuimige structuur.

Hoewel stikstof een belangrijk element is in de voedingsindustrie, kan het gebruik ervan ook negatieve effecten hebben. Zo kan overmatig gebruik van stikstof als meststof leiden tot vervuiling van bodem en water. Daarnaast kan de uitstoot van stikstofoxiden (NOx) door verbrandingsmotoren leiden tot luchtvervuiling en aantasting van de gezondheid.

Al met al is stikstof een onmisbaar element in de voedingsindustrie, maar het is belangrijk om het gebruik ervan goed te reguleren om negatieve effecten te voorkomen.

Hoofdstuk 40: Stikstof en de voedingswaarde van voedsel

Stikstof is een belangrijk element dat een essentiële rol speelt in de voedingswaarde van voedsel. Het is een belangrijk onderdeel van aminozuren, de bouwstenen van eiwitten die essentieel zijn voor de groei en ontwikkeling van het lichaam.

Bovendien is stikstof een belangrijk element in de voedingsstoffen die planten nodig hebben om te groeien.

Het wordt vaak gebruikt als kunstmest om de opbrengst van gewassen te verhogen. Wanneer planten stikstof opnemen uit de bodem, kunnen ze het omzetten in aminozuren en eiwitten, die op hun beurt worden geconsumeerd door dieren en mensen.

Een teveel aan stikstof kan echter ook negatieve gevolgen hebben voor de voedingswaarde van voedsel. Bij overmatig gebruik van stikstofmeststoffen kunnen gewassen bijvoorbeeld te snel groeien, waardoor ze minder voedingsstoffen bevatten. Dit kan resulteren in voedsel met een lagere voedingswaarde, zelfs als het er op het oog gezond uitziet.

Bovendien kan overmatig gebruik van stikstof in de landbouw leiden tot vervuiling van de bodem en het grondwater. Dit kan op zijn beurt negatieve gevolgen hebben voor de gezondheid van zowel mens als dier.

Kortom, stikstof is een belangrijk element dat een grote rol speelt in de voedingswaarde van voedsel. Het is essentieel voor de groei en ontwikkeling van zowel planten als dieren, maar overmatig gebruik kan leiden tot een afname van de voedingswaarde van voedsel en mogelijke vervuiling van het milieu.

Hoofdstuk 41: De rol van stikstof in de voedselketen

Stikstof is een essentieel element in de voedselketen en is van cruciaal belang voor de groei en ontwikkeling van planten. Planten nemen stikstof op uit de bodem in de vorm van nitraat- en ammoniumionen. Dit proces wordt stikstoffixatie genoemd en kan worden uitgevoerd door zowel symbiotische bacteriën als vrije-livende bacteriën.

Wanneer planten sterven en afsterven, wordt het stikstofgehalte in de bodem verhoogd. Dit stikstof wordt vervolgens gebruikt door andere organismen in de voedselketen, zoals herbivoren die zich voeden met planten en carnivoren die zich voeden met herbivoren. Het stikstofgehalte wordt uiteindelijk teruggevoerd naar de bodem via de ontlasting en het afsterven van organismen.

Naast zijn rol als voedingsstof voor planten en dieren, heeft stikstof ook een belangrijke invloed op het milieu. Overmatige stikstofverontreiniging kan leiden tot problemen zoals eutrofiëring, wat resulteert in de overmatige groei van algen en andere waterplanten die zuurstof uit het water verbruiken, waardoor andere organismen worden belemmerd. Stikstofoxiden kunnen ook bijdragen aan luchtverontreiniging en klimaatverandering.

Om deze redenen is het van cruciaal belang om de stikstofkringloop te begrijpen en beheersen, om ervoor te zorgen dat stikstof op een duurzame manier wordt gebruikt en verontreiniging wordt voorkomen. Dit kan worden bereikt door het verminderen van overmatig gebruik van stikstofhoudende meststoffen en het bevorderen van methoden zoals biologische stikstoffixatie en circulaire landbouwpraktijken.

Hoofdstuk 42: Stikstof en de veehouderij

De veehouderij is een belangrijke bron van stikstofemissies, die bijdragen aan de stikstofproblematiek in Nederland. Stikstof is een essentiële voedingsstof voor planten, maar een teveel aan stikstof kan leiden tot verzuring van de bodem en een verrijking van de natuur met stikstofminnende planten, waardoor de biodiversiteit afneemt.

De veehouderij is verantwoordelijk voor ongeveer 45% van de totale stikstofemissies in Nederland. Deze emissies komen voornamelijk vrij uit mest, urine en voerresten van het vee. Deze emissies kunnen worden verminderd door bijvoorbeeld het aanpassen van het voer, het verbeteren van de staltechnieken en het verminderen van het aantal dieren.

Er zijn verschillende maatregelen genomen om de stikstofuitstoot van de veehouderij te verminderen. Zo is er een fosfaatplafond ingesteld voor de melkveehouderij en zijn er emissiearme stallen ontwikkeld. Ook zijn er subsidies beschikbaar gesteld voor het verduurzamen van de veehouderij.

De discussie over de stikstofproblematiek in relatie tot de veehouderij is echter nog steeds actueel. Er zijn verschillende opvattingen over hoe de stikstofuitstoot verminderd kan worden en welke rol de veehouderij hierin speelt. Sommige partijen pleiten voor een vermindering van het aantal dieren en een transitie naar een meer plantaardig voedingspatroon, terwijl andere partijen pleiten voor technologische innovaties en een efficiëntere productie.

Het verminderen van de stikstofuitstoot van de veehouderij is een complex vraagstuk dat vraagt om een integrale aanpak. Er zijn veel verschillende factoren die hierbij een rol spelen, zoals het voedingspatroon van de dieren, de staltechnieken, de grondsoort en het landschap. Een oplossing vraagt dan ook om samenwerking tussen verschillende partijen, zoals de overheid, de veehouderijsector, de natuur- en milieusector en de wetenschap.

Hoofdstuk 43: Stikstof en de waterkringloop

Stikstof is een essentieel element voor alle levende organismen. Het is een belangrijk onderdeel van de atmosfeer, waar het ongeveer 78% van de lucht uitmaakt. Stikstof is ook een belangrijke voedingsstof voor planten en dieren, en speelt een cruciale rol in de waterkringloop.

De waterkringloop is het proces waarbij water circuleert tussen de aarde, de atmosfeer en de oceanen. Water verdampt vanuit de oceanen en de aarde en vormt wolken in de atmosfeer. Deze wolken drijven vervolgens over de aarde en laten neerslag achter in de vorm van regen, sneeuw of hagel. Het water wordt vervolgens opnieuw opgenomen door de aarde en de oceanen, en het proces begint opnieuw.

Stikstof speelt een belangrijke rol in de waterkringloop omdat het een van de belangrijkste voedingsstoffen is voor planten. Planten gebruiken stikstof om eiwitten en andere belangrijke verbindingen te produceren. Wanneer planten sterven, wordt de stikstof die ze hebben opgeslagen teruggegeven aan de bodem. Dit kan worden opgenomen door andere planten en zo blijft de cyclus doorgaan.

Echter, menselijke activiteiten, zoals het gebruik van kunstmest in de landbouw en de uitstoot van stikstofoxiden door auto's en industrie, hebben de stikstofcyclus verstoord. Te veel stikstof in de bodem kan leiden tot vervuiling van water en bodem, en kan de biodiversiteit in ecosystemen verminderen. Daarom is het belangrijk om de hoeveelheid stikstof die in het milieu wordt vrijgegeven te beheersen.

In conclusie, stikstof speelt een belangrijke rol in de waterkringloop en het is van cruciaal belang voor het behoud van het leven op aarde. Echter, menselijke activiteiten hebben de stikstofcyclus verstoord en het is belangrijk om maatregelen te nemen om de hoeveelheid stikstof in het milieu te beheersen.

Hoofdstuk 44: De impact van stikstof op de bodemfauna

Stikstof is een belangrijk voedingsmiddel voor planten en speelt een cruciale rol in de voedselketen. Echter, overmatig gebruik van stikstof kan leiden tot negatieve gevolgen voor de bodemfauna.

Stikstof kan leiden tot veranderingen in de bodemkwaliteit, waardoor de samenstelling van de bodemfauna kan worden verstoord. Zo kan overmatig gebruik van stikstof bijvoorbeeld de populatie van bodemmicroben, wormen en insecten aantasten. Dit kan een kettingreactie veroorzaken in de voedselketen, waardoor ook andere dieren en planten worden beïnvloed.

Een ander effect van stikstof op de bodemfauna is de verandering in de pH-waarde van de bodem. Overmatig gebruik van stikstof kan leiden tot verzuring van de bodem, waardoor sommige soorten bodemfauna niet meer kunnen overleven. Andere soorten, die beter gedijen in een zure omgeving, kunnen daarentegen juist gaan overheersen.

Daarnaast kan stikstof ook indirecte gevolgen hebben voor de bodemfauna. Bijvoorbeeld, wanneer stikstof leidt tot veranderingen in de plantengroei, kan dit ook de voedselvoorziening van de bodemfauna beïnvloeden. Hierdoor kan de populatie van sommige dieren afnemen, terwijl andere juist toenemen.

Kortom, overmatig gebruik van stikstof kan leiden tot verstoringen in de bodemkwaliteit, wat een negatieve impact kan hebben op de bodemfauna en de voedselketen als geheel. Het is daarom van groot belang om bewust om te gaan met het gebruik van stikstof en te zoeken naar duurzame alternatieven.

Hoofdstuk 45: De biologische rol van stikstof in het ecosysteem

Stikstof speelt een cruciale biologische rol in het ecosysteem en is essentieel voor het leven op aarde. Het is een belangrijk element in de moleculen die essentieel zijn voor het bouwen van eiwitten en DNA, de bouwstenen van alle levende organismen.

In de natuurlijke stikstofkringloop wordt stikstof uit de atmosfeer gehaald en omgezet in een vorm die door planten kan worden gebruikt. Dit gebeurt door middel van stikstofbindende bacteriën die in symbiose leven met planten. De bacteriën nemen stikstofgas uit de lucht op en zetten dit om in ammoniak en andere verbindingen, die door planten kunnen worden opgenomen en gebruikt voor groei en ontwikkeling.

Dieren, inclusief mensen, verkrijgen hun stikstof via de voedselketen. Ze consumeren planten of andere dieren die stikstof bevatten, en gebruiken deze om hun eigen eiwitten en DNA te bouwen.

Na de dood van planten en dieren wordt stikstof teruggegeven aan de bodem door middel van afbraakprocessen, zoals ontbinding en excretie door bodemorganismen. Dit stelt de stikstof weer beschikbaar voor planten om te gebruiken, waardoor de stikstofkringloop in stand wordt gehouden.

Hoewel stikstof een essentieel element is voor het leven op aarde, kan het in overmaat problemen veroorzaken. Bijvoorbeeld, door menselijke activiteiten zoals landbouw en industrie worden grote hoeveelheden stikstof in de bodem en het water gebracht, wat kan leiden tot overbemesting, verminderde biodiversiteit, en andere milieu- en gezondheidsproblemen. Het is daarom belangrijk om de stikstofkringloop te begrijpen en duurzame methoden te ontwikkelen om stikstof te gebruiken en beheren in het ecosysteem.

Hoofdstuk 46: De invloed van stikstof op de biodiversiteit van de bodem

Stikstof is een belangrijk element voor het leven op aarde en speelt een essentiële rol in de groei van planten. Echter, wanneer er teveel stikstof in de bodem aanwezig is, kan dit leiden tot een vermindering van de biodiversiteit in de bodem.

Een hoge concentratie stikstof kan ervoor zorgen dat bepaalde plantensoorten gaan domineren in een gebied, terwijl andere soorten minder goed kunnen overleven. Dit kan leiden tot een afname van de biodiversiteit in de bodem en kan uiteindelijk ook gevolgen hebben voor de bovengrondse biodiversiteit.

Daarnaast kan een teveel aan stikstof leiden tot verzuring van de bodem, wat ook nadelige gevolgen kan hebben voor de biodiversiteit. Sommige organismen, zoals bepaalde schimmels en bacteriën, hebben namelijk een bepaalde zuurgraad nodig om te kunnen overleven.

Om de invloed van stikstof op de biodiversiteit van de bodem te verminderen, kunnen verschillende maatregelen worden genomen. Zo kan bijvoorbeeld de hoeveelheid stikstof die wordt gebruikt in de landbouw worden verminderd en kunnen er maatregelen worden genomen om de stikstofuitstoot in de lucht te verminderen.

Al met al is stikstof een belangrijke factor in de biodiversiteit van de bodem. Het is belangrijk om hier zorgvuldig mee om te gaan om de biodiversiteit te behouden en te verbeteren.

Hoofdstuk 47: Stikstof en de uitstoot van broeikasgassen

Stikstof is een essentieel element voor het leven op aarde, maar de uitstoot van stikstofverbindingen kan ook negatieve gevolgen hebben voor het milieu. Een van de belangrijkste problemen is de uitstoot van broeikasgassen zoals stikstofoxiden en ammoniak, die bijdragen aan het versterkte broeikaseffect en klimaatverandering.

Stikstofoxiden (NOx) worden voornamelijk uitgestoten door verbranding van fossiele brandstoffen en worden ook geproduceerd door de landbouw, met name door het gebruik van kunstmest. Ammoniak (NH3) wordt voornamelijk uitgestoten door de landbouw, met name door mestopslag en het gebruik van dierlijke mest als kunstmest.

De uitstoot van stikstofoxiden en ammoniak draagt bij aan de vorming van ozon en fijnstof, die schadelijk zijn voor de gezondheid en het milieu. Daarnaast draagt de uitstoot van deze gassen bij aan de verzuring van de bodem en wateren, waardoor de biodiversiteit wordt aangetast.

Om de uitstoot van broeikasgassen zoals stikstofoxiden en ammoniak te verminderen, zijn er verschillende maatregelen mogelijk. Bijvoorbeeld door het verminderen van het gebruik van fossiele brandstoffen, het verbeteren van de energie-efficiëntie, en het bevorderen van duurzame landbouwpraktijken zoals precisielandbouw en het verminderen van het gebruik van kunstmest.

Het verminderen van de uitstoot van broeikasgassen is essentieel om de opwarming van de aarde te beperken en de gevolgen van klimaatverandering te verminderen. Stikstof speelt hierbij een belangrijke rol en het is dan ook belangrijk om de uitstoot van stikstofoxiden en ammoniak te verminderen en duurzame alternatieven te stimuleren.

Hoofdstuk 48: De rol van stikstof in de industrie voor voedselverwerking

Stikstof speelt een belangrijke rol in de voedselverwerkingsindustrie. Het wordt gebruikt voor verschillende doeleinden, waaronder koeling, verpakking en bewaring van voedsel.

Een van de belangrijkste toepassingen van stikstof is bij het koelen van voedsel. Stikstof wordt vaak gebruikt als koelmiddel in de voedingsindustrie omdat het snel kan afkoelen en zo de groei van bacteriën kan vertragen. Dit is vooral belangrijk bij de verwerking van bederfelijke voedingsmiddelen zoals vlees, vis en zuivelproducten.

Daarnaast wordt stikstof gebruikt bij het verpakken van voedsel. Verpakkingen die zijn gevuld met stikstof hebben een lager zuurstofgehalte, waardoor de houdbaarheid van het product wordt verlengd. Dit komt doordat zuurstof een belangrijke rol speelt bij het bederven van voedsel. Door het zuurstofgehalte te verlagen, kan de groei van bacteriën en schimmels worden vertraagd, wat de houdbaarheid van het product verlengt.

Ten slotte wordt stikstof ook gebruikt bij het bewaren van voedsel. Voedingsmiddelen die worden bewaard bij lage temperaturen, zoals bevroren voedsel, worden vaak bewaard in omgevingen met een verhoogde stikstofconcentratie. Dit komt doordat stikstof een inert gas is en zo voorkomt dat het voedsel oxideert en bederft.

Al met al speelt stikstof een cruciale rol in de voedselverwerkingsindustrie. Het wordt gebruikt voor het koelen, verpakken en bewaren van voedsel, wat de houdbaarheid van het product verlengt en de voedselveiligheid verbetert.

Hoofdstuk 49: Stikstof en de menselijke ademhaling

Stikstof is een belangrijk element dat we dagelijks inademen. Ongeveer 78% van de lucht die we inademen bestaat uit stikstofgas. Hoewel we stikstofgas inademen, gebruikt ons lichaam het niet voor onze ademhaling. In plaats daarvan ademen we zuurstof in die we nodig hebben om te overleven.

Wanneer we inademen, stroomt de lucht door de luchtpijp naar de longen. De luchtpijp vertakt zich in steeds kleinere buisjes, de bronchiën genaamd, die uiteindelijk uitkomen bij de longblaasjes. In de longblaasjes vindt de gasuitwisseling plaats. Zuurstof wordt opgenomen in het bloed en stikstofgas wordt uitgeademd.

Het uitademen van stikstofgas heeft geen nadelige gevolgen voor onze gezondheid, omdat we het toch niet gebruiken. Wel kan het stikstofgehalte in de lucht die we inademen veranderen door menselijke activiteiten, zoals de verbranding van fossiele brandstoffen en de landbouw.

Een te hoog stikstofgehalte in de lucht kan leiden tot ademhalingsproblemen en gezondheidsproblemen zoals astma en COPD. Het is daarom belangrijk om de luchtkwaliteit in de gaten te houden en maatregelen te nemen om de uitstoot van stikstof te verminderen.

Kortom, hoewel we stikstofgas inademen, gebruiken we het niet voor onze ademhaling. Een te hoog stikstofgehalte in de lucht kan echter wel nadelige gevolgen hebben voor onze gezondheid en daarom is het belangrijk om de luchtkwaliteit te bewaken.

Hoofdstuk 50: Stikstof en de reactie met zuurstof
Stikstof is een element dat van nature in de atmosfeer voorkomt, en het vertegenwoordigt ongeveer 78% van de lucht die we inademen. Het is een niet-reactief gas, wat betekent dat het niet van nature reageert met andere stoffen. Maar wanneer stikstof in contact komt met zuurstof bij hoge temperaturen en druk, kan er een reactie optreden die bekend staat als de verbranding van stikstof.

Bij de verbranding van stikstof reageren stikstof en zuurstof om stikstofoxiden (NOx) te vormen. Deze stikstofoxiden kunnen verschillende vormen aannemen, zoals stikstofmonoxide (NO) en stikstofdioxide (NO2). Deze verbindingen spelen een belangrijke rol in de atmosfeer omdat ze deelnemen aan chemische reacties die de ozonlaag afbreken en de vorming van schadelijke ozon op lagere hoogtes bevorderen.

Daarnaast zijn stikstofoxiden ook betrokken bij de vorming van fijnstof, dat de luchtkwaliteit kan aantasten en gevolgen kan hebben voor de gezondheid van mens en dier. Om deze redenen zijn stikstofoxiden onderworpen aan regelgeving om hun uitstoot te verminderen, vooral in industrieën en transportsectoren.

Het is ook belangrijk op te merken dat stikstofoxiden niet de enige reactie zijn die stikstof kan ondergaan. Stikstof wordt ook gebruikt als belangrijke voedingsstof voor planten en dieren, en kan worden omgezet in andere verbindingen zoals ammoniak en nitraat door biologische processen in de bodem en het water.

Kortom, de reactie tussen stikstof en zuurstof kan leiden tot de vorming van schadelijke stikstofoxiden, maar het is slechts één aspect van de complexe rol die stikstof speelt in onze omgeving en ecosystemen.

Hoofdstuk 51: Stikstof en de rol in de synthese van nucleïnezuren

Stikstof speelt een essentiële rol in de synthese van nucleïnezuren, de bouwstenen van DNA en RNA. Nucleïnezuren bestaan uit nucleotiden, die op hun beurt bestaan uit een fosfaatgroep, een suikermolecuul en een stikstofhoudende base.

Er zijn vijf verschillende stikstofhoudende basen die betrokken zijn bij de synthese van nucleïnezuren: adenine, guanine, cytosine, thymine en uracil. Deze basen worden gevormd uit stikstofatomen die afkomstig zijn van verschillende bronnen, waaronder voedingsstoffen en recycling van stikstof uit afgebroken moleculen.

De biosynthese van deze nucleotiden begint met de aminozuren glutamine, aspartaat en glycine, die op verschillende manieren worden gecombineerd en gewijzigd om de verschillende nucleotiden te produceren. Stikstof speelt een cruciale rol bij deze processen, omdat het de belangrijkste component is van de stikstofhoudende basen die de basis vormen van DNA en RNA.

Stikstof is dus een onmisbaar element in de synthese van nucleïnezuren en daarmee voor het functioneren van het leven op aarde. Zonder stikstof zou de synthese van deze essentiële moleculen niet mogelijk zijn, en zouden de processen die nodig zijn voor de overdracht en opslag van genetische informatie niet kunnen plaatsvinden.

Hoofdstuk 52: Stikstof en zijn effecten op de gezondheid van planten

Stikstof is een essentieel element voor de groei en ontwikkeling van planten. Het speelt een belangrijke rol bij de vorming van chlorofyl, de groene kleurstof in plantenbladeren, en bij de synthese van eiwitten, nucleïnezuren en andere organische verbindingen. Planten halen stikstof uit de bodem op door middel van wortels, en in sommige gevallen ook door middel van symbiotische relaties met stikstof-fixeerende bacteriën.

Echter, te veel stikstof kan ook negatieve effecten hebben op de gezondheid van planten. Een overmaat aan stikstof kan leiden tot een onbalans in de bodemchemie, waardoor andere voedingsstoffen, zoals kalium en magnesium, minder beschikbaar worden voor planten. Dit kan leiden tot symptomen van voedingstekorten, zoals vergeling van bladeren, vermindering van groei en productiviteit, en een verhoogde gevoeligheid voor ziekten en plagen.

Bovendien kan een overmaat aan stikstof leiden tot de accumulatie van nitraten in plantenweefsels, vooral in bladgroenten en andere eetbare delen van planten. Hoge nitraatgehaltenhalten kunnen gevaarlijk zijn voor de gezondheid van mensen, omdat ze kunnen worden omgezet in nitrieten, die de vorming van kankerverwekkende stoffen kunnen bevorderen.

In gebieden waar de bodem al veel stikstof bevat, zoals in de buurt van veeteeltbedrijven of in stedelijke gebieden met veel verkeer, kan de aanwezigheid van te veel stikstof leiden tot verzuring van de bodem. Dit kan op zijn beurt leiden tot veranderingen in de bodemstructuur en vermindering van de bodemvruchtbaarheid, waardoor planten minder goed kunnen groeien en zich ontwikkelen.

Al met al is stikstof een cruciaal element voor de gezondheid van planten, maar het is belangrijk om ervoor te zorgen dat er niet te veel van aanwezig is. Een goed beheer van stikstofniveaus in de bodem kan bijdragen aan een gezonde groei en ontwikkeling van planten, en kan ook de gezondheid van mens en milieu ten goede komen.

Hoofdstuk 53: Stikstof en zijn rol in de productie van explosieven

Stikstof is een element dat in vele verschillende vormen voorkomt en een belangrijke rol speelt in talloze industriële processen. Eén van de meest controversiële toepassingen van stikstof is echter de productie van explosieven.

De meeste explosieven worden geproduceerd door stikstofverbindingen te combineren met andere chemische stoffen. Dit komt omdat stikstofverbindingen over het algemeen zeer reactief zijn en snel kunnen reageren met andere stoffen om explosieve mengsels te vormen.

Een van de meest gebruikte stikstofverbindingen in de productie van explosieven is ammoniumnitraat. Dit is een wit kristallijn poeder dat gemakkelijk oplosbaar is in water. Het wordt vaak gebruikt als meststof, maar het kan ook worden gebruikt als een explosief materiaal wanneer het wordt gecombineerd met andere stoffen, zoals koolstof of waterstofperoxide.

Een andere stikstofverbinding die veel wordt gebruikt in de productie van explosieven is nitroglycerine. Dit is een zeer explosieve vloeistof die wordt geproduceerd door glycerol te combineren met salpeterzuur en zwavelzuur. Nitroglycerine is zeer gevoelig voor schokken en wrijving en moet daarom met uiterste voorzichtigheid worden behandeld.

Hoewel stikstof een belangrijke rol speelt in de productie van explosieven, is het belangrijk op te merken dat het gebruik van explosieven in de meeste gevallen sterk gereguleerd is en alleen is toegestaan voor specifieke toepassingen, zoals de mijnbouw en het leger. Het ongeoorloofd gebruik van explosieven kan leiden tot ernstige schade aan personen en eigendommen en kan zelfs dodelijk zijn.

Hoofdstuk 54: Stikstof en zijn rol in de luchtvaartindustrie

Stikstof is een essentieel element in de luchtvaartindustrie, aangezien het een belangrijk bestanddeel is van de lucht die vliegtuigmotoren nodig hebben om te functioneren. Bijna 80% van de lucht die we inademen bestaat uit stikstofgas (NN_2).

Tijdens de verbranding van brandstof in de motor wordt stikstof uit de lucht met zuurstof gecombineerd om een reeks verbindingen te vormen die samen stikstofoxiden (NO_x) worden genoemd. Deze verbindingen zijn schadelijk voor het milieu en dragen bij aan de vorming van luchtverontreiniging en klimaatverandering.

De luchtvaartindustrie is zich bewust van de negatieve effecten van stikstofoxiden op het milieu en heeft daarom maatregelen genomen om de uitstoot van deze stoffen te verminderen. Dit omvat onder andere het gebruik van schonere brandstoffen en de ontwikkeling van efficiëntere motoren.

Een andere manier om de uitstoot van stikstofoxiden te verminderen is het gebruik van stikstofoxide-emissiereductiesystemen (NO_x-reductiesystemen) aan boord van vliegtuigen. Deze systemen verminderen de uitstoot van stikstofoxiden door het inbrengen van stikstofdioxide (NO_2) in de uitlaatgassen van de motor, wat leidt tot een chemische reactie die stikstofoxiden afbreekt.

In de toekomst zal stikstof ook een belangrijke rol spelen in de ontwikkeling van nieuwe technologieën voor de luchtvaartindustrie, zoals elektrisch vliegen en waterstofbrandstofcellen. Beide technologieën hebben stikstof nodig als koelgas en om brandstofcellen te voeden.

Kortom, stikstof speelt een belangrijke rol in de luchtvaartindustrie als essentieel bestanddeel van de lucht die vliegtuigmotoren nodig hebben om te functioneren. Tegelijkertijd is de luchtvaartindustrie zich bewust van de negatieve effecten van stikstofoxiden op het milieu en neemt zij maatregelen om de uitstoot van deze stoffen te verminderen en te werken aan de ontwikkeling van nieuwe technologieën.

Hoofdstuk 55: Stikstof en zijn rol in de productie van halfgeleiders

Stikstof speelt een belangrijke rol in de productie van halfgeleiders, die worden gebruikt in vele moderne technologieën zoals computers, smartphones en televisies. Halfgeleiders zijn materialen die tussen isolatoren en geleiders in liggen als het gaat om hun vermogen om elektriciteit te geleiden. Ze worden gemaakt van materialen zoals silicium en galliumarsenide, en hun eigenschappen kunnen worden aangepast door kleine hoeveelheden van bepaalde atomen, zoals stikstof, aan het materiaal toe te voegen.

Stikstof wordt vaak gebruikt in het productieproces van halfgeleiders omdat het een kleinere atoomgrootte heeft dan silicium en daardoor gemakkelijker in het kristalrooster van het halfgeleidermateriaal past. Dit proces staat bekend als doping en het stelt fabrikanten in staat om de geleidbaarheid en andere eigenschappen van het halfgeleidermateriaal te controleren.

Een ander belangrijk gebruik van stikstof in de halfgeleiderindustrie is als beschermgas bij de productie van halfgeleiderwafers. Wafers zijn dunne plakjes halfgeleidermateriaal die worden gebruikt als basis voor het maken van individuele chips. Tijdens de productie worden de wafers blootgesteld aan hoge temperaturen en chemische reacties die schadelijk kunnen zijn voor het materiaal. Door stikstof te gebruiken als beschermgas, kunnen fabrikanten het materiaal beschermen tegen oxidatie en andere schadelijke effecten, waardoor de kwaliteit en betrouwbaarheid van de chips wordt verbeterd.

Kortom, stikstof speelt een belangrijke rol in de productie van halfgeleiders. Of het nu als dopingmateriaal wordt gebruikt om de eigenschappen van het halfgeleidermateriaal te veranderen of als beschermgas om de kwaliteit van halfgeleiderwafers te verbeteren, stikstof is een essentieel onderdeel van de moderne halfgeleiderindustrie.

Conclusie:

Na het verkennen van de problematiek rondom stikstof is het duidelijk geworden dat dit een complex en wijdverspreid probleem is dat grote gevolgen heeft voor zowel mens als natuur. Stikstofemissies hebben negatieve effecten op de biodiversiteit, de luchtkwaliteit en het klimaat. Ook leiden stikstofproblemen tot economische schade en belemmeren ze de ontwikkeling van bouwprojecten en andere infrastructurele projecten.

Het verminderen van stikstofemissies is daarom van groot belang. Het is een uitdaging om dit op een effectieve manier te doen, omdat het probleem zo wijdverspreid is. Een integrale aanpak is nodig waarbij verschillende sectoren, zoals landbouw, industrie en transport, betrokken worden. Ook is het belangrijk dat de maatregelen aansluiten bij de verschillende regionale omstandigheden en dat er voldoende ruimte is voor innovatie en experimenten.

Het is duidelijk dat het verminderen van stikstofemissies een langdurig proces is dat geduld en doorzettingsvermogen vereist. Maar het is ook een proces dat noodzakelijk is voor het behoud van onze natuurlijke omgeving en de gezondheid van mens en dier. Laten we daarom samenwerken en investeren in een duurzame

toekomst waarin stikstofemissies tot een minimum
beperkt worden.